ÉTRENNES

DE

CHARLES X

AUX FRANÇAIS.

IMPRIMERIE DE C. J. TROUVE,
RUE DES FILLES SAINT-THOMAS, N° 12

ÉTRENNES

DE

CHARLES X

AUX FRANÇAIS,

CONTENANT

les réponses du Roi aux adresses des différents Corps,
ses discours, ses réparties, ses bons mots,
ses compliments,
et les premiers actes de son avènement,

POUVANT SERVIR

A L'HISTOIRE DE CE PRINCE;

Par M. Armand de Vins.

Indocti discant et ament meminisse periti.

A PARIS,

CHEZ C. J. TROUVÉ, IMPRIMEUR-LIBRAIRE,

RUE DES FILLES-SAINT-THOMAS, N° 12.

1825.

AVERTISSEMENT.

Lorsque notre Monarque chéri a rapproché tous ses sujets par sa clémence, par son amour pour la nation, et par le nouvel appui qu'il lui prête; lorsqu'il a su unir, en les gagnant, tous les cœurs, et ne plus faire qu'une famille de ce grand peuple qui s'enorgueillit de l'avoir pour chef; lorsque la France n'a qu'un accent pour célébrer Charles X, on ne peut que plaire à des Français en leur rappelant les expressions et les actes qui honorent les premiers pas de cet excellent Prince en attestant sa bonté, et qui signalent son avènement au premier trône de l'Europe.

Qu'il est bien digne en effet de l'occuper celui que le peuple, dans la simplicité de son langage, salue du nom d'HENRI QUATRE SECOND. On ne s'occupe pas un instant de la bizarrerie de cette élocution ; chacun partage le sentiment qui la dicte quand on connoît notre Roi, et l'on applaudit à cette heureuse idée d'une portion de ses sujets qui répond à l'esprit de toute la France. La plus éloquente des adresses du royaume a exprimé avec moins de vérité le respect et l'amour de la nation, que ne le fait cette idée toute populaire ; et rien ne peut être plus flatteur pour le descendant du grand HENRI, que de lui être comparé, comme rien ne peint mieux et plus exactement la bonté, la justice et les hautes qualités de CHARLES. Au cœur seul appartiennent d'aussi justes accents.

Quel que soit, au surplus, le langage des Français, leur enthousiasme est général ; l'amour du Roi fut toujours un devoir bien doux pour eux; leur amour pour CHARLES X est de plus un sentiment bien sincère, un sentiment que toute sa personne inspire; c'est un hommage à l'aimable Prince, avant d'être une soumission au souverain BIEN AIMÉ.

Ce nom que le commerce de la France lui a donné le premier, tous les cœurs le lui destinoient; il est l'écho que répètent toutes les bouches; son âme élevée en reconnoît tout le prix, puisque chaque jour il semble vouloir travailler à le conserver; en effet, il n'a plus rien à faire pour le mériter.

Tout le monde ne connoît pas encore les aimables à-propos, les spirituelles réparties de notre CHARLES-BIEN-AIMÉ; d'ailleurs, on se plaira à les relire, comme on sera curieux de les apprendre. Tout ce que prononce le Roi fait l'éloge de son cœur et de son esprit; chaque mot est admirable, et fait place à un autre encore plus gracieux : ils sont si abondants qu'on ne peut en retenir que le charme, et la beauté du dernier affoiblit le souvenir du premier : aussi les posséder tous, c'est posséder une précieuse collection ; c'est avoir découvert une source inépuisable de bonheur et d'espérance.

ÉTRENNES

DE

CHARLES X

AUX FRANÇAIS.

Les débuts du règne de Charles X sont marqués par les plus belles actions qui annoncent tout ce qu'on doit espérer de ce prince juste et débonnaire : chaque jour ses sujets bénissent en lui sa magnanimité, une sensibilité que la grandeur n'a jamais altérée, une expérience acquise par vingt-cinq ans de malheurs, une équité que ses infortunes lui auroient inspirée, si ce n'étoit le patrimoine des Bourbons, une grâce qui rappelle les siècles de François Ier et de Louis XIV, une bonté qui nous rend Henri IV : aussi la France, qui se réjouit en 1814 de posséder *un Français de plus*, peut-elle s'enorgueillir en 1824 d'avoir à ajouter un bon Roi de plus à tous ceux qui, depuis quatorze siècles, ont fait la gloire de la nation, et excité l'admiration des peuples.

Quand la plus cruelle des pertes eut couvert la France de deuil, les premiers sentiments de CHARLES étoient la plus amère douleur, les regrets les plus sincères; mais, « *trop profondément affecté* » pour ne pas laisser paroître ses chagrins, il est aussi trop bon Roi pour leur céder uniquement, et sait se partager entre la tristesse la plus pieuse et la plus franche, et ses nouvelles obligations comme souverain. Sensible frère, il obéit au cri du sang; mais celui qui, de tous côtés, l'appelle père des Français, retentit à son cœur, et ne lui permet pas d'oublier ses devoirs. C'est ainsi qu'il déclare à la nation législative son respect pour les institutions que son auguste frère a créées ; sujet soumis, il a appris à régner par les lois. Sa réponse aux Pairs et aux Députés du royaume respire à la fois les plus nobles pensées et les plus généreux desseins. Un souvenir bien cher lui dicte une promesse solennelle : il annonce l'ouverture des deux Chambres, alliant ainsi à la piété fraternelle l'exemple heureux de la soumission aux lois. *Louis* devoit les assembler vers la fin de décembre, CHARLES les a convoquées pour cette époque :

On ne peut lire sans attendrissement les premières paroles de Sa Majesté.

« Mon cœur est trop profondément affecté, a-t-il dit aux Pairs et aux Députés, » pour qu'il me soit possible d'exprimer les » sentiments que j'éprouve ; mais je serois

» indigne de celui qui m'a laissé de si grands » exemples, si, me livrant trop à ma dou» leur, je ne conservois pas assez de force » pour remplir les devoirs qui me sont im» posés. J'étois frère; maintenant je suis » Roi, et ce titre indique à lui seul la con» duite que je dois tenir.

» J'ai promis, comme sujet, de mainte» nir la *Charte* et les institutions que nous » devons au Souverain dont le Ciel vient de » nous priver. Aujourd'hui que le droit de » ma naissance a fait tomber le pouvoir » entre mes mains, je l'emploierai tout en» tier à consolider, pour le bonheur de mon » peuple, le grand acte que j'ai promis de » maintenir.

» Ma confiance dans mes sujets est en» tière; et j'ai la ferme certitude que je » trouverai en eux les mêmes sentiments à » mon égard.

» Je dois ajouter, Messieurs, que, con-
» formément aux intentions du Roi que nous
» pleurons, je convoquerai les Chambres à
» la fin de décembre. »

Qui n'admireroit ce sentiment de ses devoirs qu'éprouve CHARLES au milieu de ses regrets, et sa douce et honorable confiance dans ses sujets !

C'est à Saint-Cloud que le Roi adressa cette réponse aux députations des Chambres, le lendemain de la mort de Louis XVIII.

On sait qu'il adressa à ses ministres, entre autres choses, ces paroles qui passeront à la postérité, et qui suffiroient pour le recommander à la vénération et à l'amour des Français :

« Faites respecter les lois, mais n'allez
» pas au-delà. »

Il hait l'arbitraire, et ne veut pas que l'excès d'un pouvoir qui émane de lui tourmente son peuple, en dépit de ses paternelles intentions ; sa sagesse le fait aller au devant des maux qu'une mauvaise administration pourroit produire, et fait présager le bonheur que son règne nous prépare.

Ses paroles au ministre des affaires ecclésiastiques, ce respectable orateur élevé par ses vertus au rang que leur fait toujours occuper avec éclat le Roi très-chrétien ; ses paroles, dis-je, donnent la garantie de sa sollicitude pour la nation, de sa piété, et de la protection qu'il accorde à l'éducation et à l'instruction publique : comment ne prospéreroient-elles pas, en effet, avec l'appui du prince, et les soins du prélat éclairé qui les dirige?

« Je me ferai violence, a dit le Roi à Mgr l'é-
» vêque d'Hermopolis, pour remplir les de-

» voirs que m'imposent ma naissance et le » titre que je possède. Que le clergé joigne » ses prières aux miennes, afin que j'ob- » tienne les secours dont j'ai besoin. L'ins- » truction publique est la chose la plus im- » portante, non pas seulement pour nous, » mais encore pour ceux qui nous suivront. » Comme vous l'avez dit bien justement, je » tâcherai de continuer le règne de mon ver- » tueux frère : secondez-moi, je compte sur » vos efforts. »

Il étoit digne de l'illustre défenseur de Louis XVI d'être auprès de son auguste frère l'interprète des sentiments douloureux de la respectable Compagnie dont il est le chef.

S. M. lui a répondu :

« Je suis trop oppressé par ma douleur

» pour pouvoir répondre dans ce moment » aux sentiments que vous m'exprimez au » nom de la Cour de cassation.

» Je suis très-touché de la part qu'elle » prend à mon affliction. J'espère qu'elle » concourra de tous ses efforts à seconder » les soins que je me donnerai pour l'affer- » missement de mon gouvernement et pour » le bonheur de la France. Je compte aussi » sur sa fermeté et son impartialité dans » l'exercice de la justice; car ce n'est » qu'ainsi qu'on peut réussir à respecter la » force des lois et à maintenir son exé- » cution.

» Quant à vous, Monsieur, j'avois deux » frères : vous avez servi l'un au péril de » votre vie; vous avez constamment témoi- » gné à l'autre le même dévouement et le » même zèle : je n'ai pas besoin de vous as- » surer que je compte également sur ces

» mêmes sentiments pour moi, ainsi que sur » ceux de votre Compagnie. »

La Cour de cassation et M. Desèze, son premier président, ont trouvé dans cette réponse, l'une le prix que met le Monarque aux travaux et à l'intégrité de la première Cour du royaume, l'élite de la magistrature; et l'autre, l'éloge éclatant que méritera éternellement le dévoué défenseur du Roi-martyr, et l'hommage que l'on doit à ses vertus et à ses talents.

Le goût du Roi pour les sciences, la part qu'il veut avoir à leur prospérité, et sa modestie surtout, se font remarquer dans sa réponse à l'Académie française :

« J'ai perdu un frère tendre, la France » un Monarque sage et éclairé, les sciences » et les lettres un protecteur qui les a culti-

» vées dès sa plus tendre enfance avec un
» soin particulier. Je l'imiterai, non pas avec
» le même talent, mais avec le même zèle :
» j'en réponds, et je compte sur l'Académie
» pour me seconder. »

Il justifie bien la joie qu'avoit la France en 1814 de compter *un* bon *Français* de plus, par les vœux qu'il forme aujourd'hui pour son bonheur, pour son union avec l'Europe, pour le maintien de la paix, et pour la durée de sa gloire. Ces sentiments vraiment français percent dans son remarquable discours au corps diplomatique, en réponse à celui qui lui fut adressé par le nonce de S. S., premier ambassadeur des Cours étrangères :

« M. le nonce, mon cœur est trop déchiré
» pour que je puisse exprimer les senti-

» ments qui le remplissent. Je vous remer-
» cie de ceux que vous me témoignez au
» nom du Corps diplomatique. Je n'ai qu'une
» ambition, Messieurs; je demande à Dieu
» qu'elle soit remplie, et j'espère qu'il me
» l'accordera : c'est de continuer ce que mon
» vertueux frère a si bien fait; c'est que mon
» règne ne soit que la continuation du sien,
» tant pour le bonheur de la France que
» pour la paix et l'union de toute l'Europe.
» C'est mon vœu, c'est ma prière au Ciel,
» et ce sera l'étude de toute ma vie. »

La fermeté de ses principes et sa solide piété se font aussi remarquer dans ce qu'il dit à Mgr. de Quélen, archevêque de Paris. Son abandon dans la volonté de Dieu, et sa foi dans la ferveur du premier pasteur de l'église de Paris, sont, l'un, le plus bel exemple que puissent se proposer ses sujets; l'autre, un éloge que méritoit bien le vertueux prélat.

« M. l'archevêque, unissez vos prières aux » miennes pour que le Ciel daigne nous » consoler du malheureux événement qui » nous afflige. Je puis tout avec Dieu, Mon- » sieur; je ne puis rien sans lui. »

On trouve aussi l'assurance de sa vertu et de l'attachement qu'il porte à sa ville natale dans sa réponse à Mgr. l'évêque de Versailles : toujours la même invocation des secours du Ciel, toujours la même ambition de rendre la France heureuse.

« M. l'évêque, implorez pour moi et » pour mon peuple la protection de Dieu; » joignez vos prières aux miennes pour qu'il

» me donne la force de faire le bonheur de
» mes sujets. »

La Cour royale de Paris, cette nombreuse société de magistrats éclairés et distingués, a reçu le prix de ses honorables travaux et de l'équité qui la guide sans cesse, dans les expressions du monarque adoré des Français à M. le président Dupaty, en l'absence de M. le baron Séguier, pair de France, premier président.

« Messieurs, la douleur publique dont
» vous vous rendez les organes, vous peint
» assez celle qui déchire mon cœur; j'es-
» père que Dieu m'aidera dans cette cir-
» constance pour conserver les moyens de
» continuer le règne glorieux du frère que
» je viens de perdre.

» Quant à vous, Messieurs, j'attends de
» vous et de toutes les Cours de justice de

» mon royaume cette impartialité et cette » fermeté qui distinguent toujours la magis- » trature française : vous honorerez vos fonc- » tions, vous servirez le trône en agissant » ainsi. Redoublez de zèle, Messieurs, et » soyez sûrs de ma protection et de mon ap- » pui dans tout ce qui dépendra de moi. »

Le Roi s'exprima en ces termes en s'a- dressant au tribunal de commerce de Paris :

« Plus que personne je sens la nécessité » de soutenir et de protéger le commerce; » plus qu'aucun autre je sens combien il est » nécessaire à la France. »

La ville de Marseille, cette ancienne cité fondée par les Phocéens, et si fertile en grands hommes, a reçu l'assurance de l'affection du Prince. Il lui a fait répondre qu'il avoit « agréé ses sentiments; qu'il a voulu

» qu'une cité aussi fidèle, et dont la prospérité est si étroitement liée à la splendeur du royaume, reçût l'assurance de son vif intérêt et de sa protection royale. »

Les mêmes sentiments éclatent dans sa réponse au corps municipal de Paris, présenté par M. le conseiller d'État, comte de Chabrol, préfet de la Seine.

« Messieurs, a dit le Roi, mon cœur fut » sensiblement touché de l'accueil que je » reçus dans la journée du 12 avril 1814 en » rentrant dans Paris : il l'est bien plus de » la profonde douleur que ma bonne ville » a fait éclater à la mort du Roi vertueux » que nous venons de perdre. Mes efforts » seront tous consacrés à continuer ce qu'il » a fait avec tant de gloire et de bonheur. » Comptez non-seulement sur ma protection » et sur mon amour, croyez que j'emploie-

» rai toute la force que Dieu voudra me » laisser encore, à contribuer au bonheur » d'un peuple que j'aime, et pour lequel je » veux vivre et mourir. »

Le souvenir que conserve le Monarque du bon esprit qui animoit le corps municipal en 1814, est, d'un côté, bien flatteur, de l'autre, bien glorieux pour la ville de Paris; et cette gloire rejaillit particulièrement sur un de nos premiers magistrats, digne par son dévouement et son inviolable amour pour la dynastie des Bourbons, du poste éminent qu'il occupe dans la première des Cours royales.

La ville de Versailles et le département de Seine-et-Oise avoient aussi des droits à l'attention de Charles par leur attachement inaltérable à l'auguste famille et à la légitimité.

Le Roi l'a marquée, en s'adressant à M. le baron des Touches, préfet du département, et organe du corps municipal.

« Messieurs, a dit S. M., la ville de Versailles et tout le département de Seine-et-Oise connoissent les sentiments qui m'animent pour eux; je continuerai, si je le puis, si Dieu me le permet, tout ce que mon frère que nous venons de perdre avoit fait pour le département et pour la ville. Comptez sur ma protection comme sur mon attachement, et croyez que je serai heureux de donner à cette ville, où Dieu a voulu que je naquisse, tous les témoignages d'attachement qui dépendront de moi (1). »

---

(1) Le tribunal a reçu aussi l'accueil le plus honorable et le plus encourageant. Tous ses membres sont remplis des meilleurs sentiments; le Roi ne l'ignore pas, et a daigné en exprimer sa satisfaction à M. Brunet, son prési-

Le tribunal de première instance de la Seine, ayant à sa tête M. Janod, président de la Chambre des vacations, en l'absence de M. Moreau, président du tribunal, a exprimé au Roi la part qu'il prenoit à la douleur générale que causoit la perte d'un Prince ami des lois. S. M., que la bonne administration de la justice intéresse tant, s'est plue à reconnoître et à témoigner combien cette utile et digne juridiction avoit mérité de la société et du monarque :

« Messieurs, le tribunal de première ins-
» tance partage tous les sentiments de dou-
» leur et d'affliction qui animent la France,
» et qui déchirent mon cœur. Continuez,
» Messieurs, à rendre la justice avec cette

---

dent; c'est à ce tribunal qu'appartient M. Delacroix, ce respectable Nestor du royalisme, auteur de l'ouvrage intitulé *le Spectateur français*, où il fait profession de la plus noble opinion.

» fermeté et cette exactitude dont vous par» lez ; c'est le moyen le plus sûr de mériter » ma protection et mon affection. »

Au Consistoire de l'Eglise réformée, présenté par M. Marron, président :

« Messieurs, je suis satisfait de l'expres» sion de la douleur que vient de me té» moigner le Consistoire; soyez sûrs, Mes» sieurs, de ma protection, comme vous » l'étiez de celle du Roi qui vient de nous » être enlevé. Tous les Français sont égaux » à mes yeux; tous les Français ont des » droits égaux à mon amour, à ma protec» tion, à ma bienveillance. »

Au Consistoire israélite, ayant à sa tête, M. de Cologna :

« Messieurs, la douleur publique est la » seule consolation pour mon cœur. Je vois

» que tous les Français partagent tous les » sentiments dont je suis déchiré. Comptez, » Messieurs, sur ma protection ; je compte » sur votre zèle. »

Toutes ces expressions du plus aimable et du plus aimé des Princes n'ont besoin ni de commentaire ni d'éloges ; mais un Français qui, comme tous les Français, l'adore, peut-il, en les répétant, ne pas laisser échapper l'accent de son admiration et de son amour ?

Voici la lettre que le Roi écrivit à toutes les Cours de justice du royaume le 16 septembre, jour de la mort du souverain *desiré* qui nous rendit nos libertés.

« Nos amés et féaux, la perte que nous » venons de faire du Roi notre très-honoré » seigneur et frère, nous touche si sensible- » ment, qu'il nous seroit impossible d'avoir en

» ce moment d'autres pensées que celles que
» la piété et l'affection nous demandent pour
» le repos et le salut de son âme, si ce devoir
» auquel nous oblige l'intérêt que nous avons
» de maintenir la couronne en sa grandeur,
» et de conserver nos sujets dans la tran-
» quillité, ne nous forçoit de surmonter ces
» justes sentiments, pour prendre les soins
» nécessaires à la conduite de cet Etat, et
» parce que la distribution de la justice est le
» meilleur moyen dont nous puissions nous
» servir pour nous en acquitter dignement.
» Nous vous exhortons et vous ordonnons
» qu'après avoir fait à Dieu les prières que
» vous devez lui adresser, vous ayez à con-
» tinuer la séance de notre Cour, et à dis-
» tribuer la justice à nos sujets, avec l'im-
» partialité que vos consciences et le devoir
» de vos emplois exigent de vous. Cependant
» nous vous assurons que vous nous trou-

» verez toujours tels envers vous, en géné-
» ral et en particulier, qu'un bon Roi doit
» être envers ses bons et fidèles sujets et
» serviteurs.

» *Signé*, CHARLES. »

Le lendemain 17 septembre, S. M. rendit cette ordonnance qui rappelle la clémence du Béarnais, et par laquelle commutation de peines est accordée à trente transfuges français, condamnés à mort pour avoir porté les armes contre la France, et à dix-huit autres individus condamnés pour crimes et délits. Parmi ces derniers, se trouvent le nommé Fradin, l'un des complices de Berton, et le sieur Escuyer, condamné pour contravention à la loi du 21 octobre 1814, sur la liberté de la presse.

La première pensée de CHARLES sur le trône est, pour l'exercice de cette heureuse prérogative, le droit de pardonner, qui est une émanation de la Divinité, et qui est la vengeance ordinaire des Bourbons. Ses premiers regards s'arrêtent sur le crime repentant; il rouvre à des sujets égarés le chemin de l'honneur, et suspend avec bonté le glaive de la loi pour effacer la tache d'un Français traître à son Roi.

Un second acte qui consacre ses droits à la reconnoissance de la ville de Grenoble, c'est l'ordonnance du 22 septembre, rétablissant la Faculté de droit.

Sous un Bourbon, le privilége de faire grâce est une jurisprudence salutaire qui ramène souvent les coupables, et arrête des rebelles qui rougiroient de passer pour ingrats.

Le Roi donne à messeigneurs les ducs

d'Orléans, à ses enfants et au duc de Bourbon, Prince de Condé, le titre d'Altesse Royale.

Dans une âme élevée, les grands desseins abondent ; le Prince veut être lui-même l'arbitre des destinées de son peuple : il préside son conseil, et y admet son auguste fils le Dauphin de France : heureuse conception qui associe aux travaux d'un Roi celui qui le sera un jour, qui continuera deux grands règnes, qui, depuis Cadix jusqu'aux confins de la France, n'a que des admirateurs ; le legislateur d'Andujar, l'époux de cette vertueuse Princesse, si résignée dans le malheur, si empressée pour le secourir, si familière avec toutes les infortunes, par le mâle courage qui les lui fait supporter, par cette charité qui soulage celles de tant d'autres ! Charles veut qu'on se fasse une étude de gouverner les Français : mais, non plus que lui, son auguste fils n'aura besoin de leçons; ainsi que lui, il les puise dans son cœur : et la bonté, la justice n'auront pas disparu du trône; le Roi ne meurt pas en France.

Une époque mémorable dans les fastes de notre histoire, sera l'entrée de CHARLES X dans Paris; c'est la seconde entrée d'Henri IV: même affabilité, même enthousiasme, mêmes acclamations, même respect, la même noblesse, les mêmes grâces. Les pas de CHARLES sont bénis comme ceux d'Henri IV; comme lui, CHARLES ne peut avancer : des témoignages d'amour l'arrêtent à chaque instant; l'élite de l'armée l'entoure et brille de tout son éclat; il est escorté par des braves, et l'escorte est immense; enfin, comme pour Henri, l'ivresse et le bonheur forment partout son cortége. Voilà l'entrée des bons Rois!...

Voici les paroles de S. M. à M. le comte de Chabrol, préfet de la Seine, le jour de son entrée à Paris, lorsque ce magistrat, à la tête du corps municipal, venoit de le haranguer et de lui présenter les clefs de la ville :

« Je vous laisse en dépôt ces clefs; je ne » puis les remettre en des mains plus fidèles : » gardez-les donc, messieurs, gardez-les.

» C'est avec un sentiment profond de » douleur et de joie que j'entre dans ces » murs, au milieu de mon bon peuple: de » joie, parce que je sais bien que je veux » employer, consacrer jusqu'au dernier de » mes jours, à assurer et consolider son » bonheur. »

Le même jour, le Roi fit cette réponse à Mgr l'archevêque de Paris avant d'entrer à Notre-Dame :

« Monsieur, mon premier devoir, comme » mon premier besoin, dans une circons- » tance aussi déchirante pour mon cœur, » étoit de venir me prosterner aux pieds du » Seigneur, afin de lui demander, par l'in- » tercession de la Sainte-Vierge, la force et » le courage qui me sont nécessaires pour » remplir la tâche énorme qui m'est impo- » sée. Sans lui nous ne pouvons rien ; nous » pouvons tout avec lui. Aidez-moi, Mes- » sieurs, de vos prières. Je vous le demande » non pas seulement pour moi, mais pour » la France, que mon frère a rendue si heu- » reuse. Oui, malgré ma douleur, j'ai le » sentiment, j'ai la confiance qu'avec le » secours d'en haut je parviendrai, non à » lui faire oublier la perte qu'elle a faite,

» mais du moins à lui en adoucir l'amer-
» tume. »

Il est d'usage que la prieure de l'Hôtel-Dieu harangue aussi les Rois de France quand ils se rendent à la métropole; cette vénérable religieuse, conduite par M. de Marbois, membre du Conseil général, a en effet complimenté S. M., qui a répondu :

« Je sais avec quel zèle vous et ces Mes-
» sieurs vous servez les pauvres. Continuez,
» Mesdames, et vous pouvez compter sur
» ma bienveillance et sur ma constante pro-
» tection. »

Comme Roi, chacun de ses sujets lui est cher; comme chrétien, il affectionne particulièrement les pauvres, ne se lasse jamais de les aider, et sa charité n'est jamais invoquée en vain.

Le jour de l'entrée du Roi à Paris, et au moment où, en revenant de Notre-Dame, il passoit devant le Pont-des-Arts, une jeune dame veut lui présenter un placet; les gardes ne la laissent pas pénétrer, mais elle avance malgré eux, et se trouve enfermée dans leurs rangs. Ses pleurs et son agitation l'empêchent de dire autre chose que : Mon mari..... Le Roi l'aperçoit et s'écrie : « Laissez, laissez approcher. »

Une jeune femme se jette à ses genoux; il lui tend la main, reçoit la pétition qu'elle présente, et lui dit : « Bien obligé, mon enfant. » Le peuple attendri, répondit pour cette jeune femme trop émue pour pouvoir articuler un seul mot, par les cris mille fois répétés de *vive le Roi!*

A son retour au château, il exprima aux personnes de distinction qui l'entouroient sa satisfaction en ces termes : « Je suis content » de mon bon peuple ; j'aurai soin qu'il soit » aussi content de moi. »

Les jours qui ont suivi l'entrée du Monarque dans sa capitale sont marqués par des bienfaits sans nombre : ce fut deux jours après, le 29 septembre, qu'il rendit une ordonnance abolissant la censure.

Par une autre du même jour, il accorda amnistie aux déserteurs.

Le jour de la revue du Champ-de-Mars, il vit qu'on s'empressoit de lui témoigner son amour : « Laissez, dit-il, laissez approcher, qu'on me parle.

Il chargea M. le maréchal duc de Reggio d'exprimer à la garde nationale sa satisfaction sur sa belle tenue.

Les lanciers de la Garde veulent éloigner la foule, et croisent leurs lances pour indiquer qu'on ne doit pas avancer : « Pas de hallebardes, » leur dit CHARLES, et le peuple l'entoure.

Un trait qui prouve sa justice et sa bienveillance pour l'armée a fait le sujet de toutes les conversations ; tous les auteurs s'en sont emparés pour rappeler sur la scène la bonté du souverain. Un vieux sergent du

6e régiment d'infanterie de la Garde, nommé Ray, sort des rangs, s'approche du Roi et lui dit : « Sire, trente ans de service, dix-huit » campagnes, onze blessures valent la croix, » et je ne l'ai pas. » Le Roi lui répond : « Tu l'auras ; » et le vieux sergent la porte.

Le jour de son entrée, il eut la bonté de s'arrêter, en allant à Notre-Dame, au marché des Innocents, et adressa aux dames de la halle des paroles de bonté; elles le saluèrent du nom de Bien-Aimé, ce nom qu'il oblige la France à lui donner, quand elle ne le lui eût pas réservé depuis long-temps.

On se rappelle qu'à la réception du général Excelmans, il lui adressa ces paroles : « Général, j'oublie tout ce qui s'est passé;

» la seule chose dont je veux me souvenir, » c'est que lorsque vous reçûtes de Buonaparte l'ordre de me poursuivre, vous prîtes » une autre route que la mienne. » Ce mot rappelle celui de Louis XII : « Ce n'est pas » au Roi de France à venger le duc d'Orléans. »

M. La Peyrière, colonel de la première Légion de la Garde nationale de Paris, tomba de cheval à la revue, et se blessa à la tête; S. M. le sut, et se fit rendre compte chaque jour de l'état du blessé.

Le maréchal de France commandant de service étoit le seul qui se présentât le soir à l'ordre; par une faveur spéciale, le Roi y admet dorénavant tous les maréchaux de

France; il est toujours fier de protéger et d'élever la gloire française.

Il redouta que l'empressement de ses sujets à lui remettre en personne des pétitions n'occasionnât quelques accidents; il ordonna qu'on les remît aux officiers de ses gardes qui se trouvent près de sa voiture.

Le 2 octobre, il reçut en audience M. le marquis de Barthélemy, qui le pria de vouloir bien l'excuser s'il marchoit appuyé sur sa canne; le Roi lui dit les choses les plus flatteuses sur l'origine de ses infirmités qui datent de sa déportation à Sinamary, et ajouta avec le ton le plus touchant : « Je vous » préviens, M. le marquis, que je ne vous » recevrai pas désormais si vous n'avez pas

» toujours votre canne. » En disant cela, cet aimable Prince le conduit à un fauteuil ; et comme le noble pair hésitoit à s'asseoir : « Je » ne veux pas vous écouter, lui dit le Roi, » que vous ne soyez assis. » Quelle bonté! quelle grâce !...

A M. de Colbert, qui avoit suivi à pied le convoi du feu Roi à Saint-Denis : « Général, » vous avez suivi mon frère à pied, j'espère » vous voir bientôt à cheval. »

Parmi les personnes à qui le Roi a donné, le 2 octobre, l'entrée de son cabinet, telles que MM. le comte de Fougières, le vicomte de Sesmaisons, le comte de Chabrillant, se trouvoit aussi M. le comte de La Boissière-Chambors, dont le dauphin, fils de Louis XV, et père de CHARLES X, atteignit le père d'un coup mortel. S. M. avoit promis d'adopter l'enfant du malheureux comte : en effet, il l'appela près de lui dès sa plus tendre jeunesse, et l'honora sans cesse de sa protection.

Le Roi accorda, les premiers jours de son règne, la croix de Saint-Louis à MM. le baron de Charette, pair de France, chef d'escadron des chasseurs de la Garde, et de la Roche-Macé, capitaine de cavalerie : cette marque de bienveillance fit une grande sensation en Bretagne et dans le Bocage.

Un journal anglais (*British-Press*) du 4 octobre rapportoit que le Roi accorda, le 2 octobre, une audience de plus d'une heure à M. de Chateaubriand. Le lendemain 3, continue ce journal, le lever du Roi fut très-nombreux : beaucoup de membres de l'opposition y étoient présents Le Roi leur fit beaucoup d'accueil, et parla surtout très-long-temps à M. Royer-Collard. Dès que l'honorable député fut parti, S. M. demanda à M. de Talleyrand le nom du député avec qui il venoit de causer : « C'étoit, dit M. de Talleyrand au Roi, M. Royer-Collard. » — « Pourquoi ne me l'avez-vous pas dit? je lui aurois fait un bien meilleur accueil. » — « Je pensois que V. M. l'avoit reconnu; mais, si elle le permet, je lui écrirai les mots obligeants que V. M. vient de dire à son sujet. » — « Oui, certes, répondit le Roi; écrivez-» lui ce que je viens de vous dire, et ajoutez-y » les sentiments d'estime et d'affection que » j'ai pour lui. »

Le 6 octobre, le Roi accorda aussi amnistie aux déserteurs de la marine. Comme Titus, chaque jour lui inspire un bienfait.

S. M. envoya au collége du Puy son portrait par M. de Polignac, neveu de l'illustre cardinal de ce nom, né au Puy. Il avoit bien promis d'encourager l'éducation.

Il daigna accorder à un invalide de cent un an, soldat de Fontenoy, la croix d'honneur que ce vieux soldat demandoit, dit-on, depuis vingt ans. C'est sur l'observation de son petit-fils, âgé de soixante ans, quand on le décora du même ordre, que le vénérable vieillard obtint du plus juste des Rois ce prix de son courage et de ses longues fatigues.

Voici la lettre-close du Roi aux archevêques et évêques de France, à l'occasion de l'anniversaire du 16 octobre :

« M. l'archevêque ou l'évêque,

» Le sentiment de notre douleur présente » ne fait que nous rendre encore plus vif » celui de nos douleurs passées, dont la mé» moire nous ramène tous les ans au pied » des saints autels ; et au souvenir de ce jour » qui vient d'enlever à nos regrets et à notre » amour le Roi notre très-honoré seigneur et » frère, se mêlera naturellement le souvenir » de ce jour funeste qui ravit à la France, » comme à notre famille, une reine infor» tunée. Notre intention est donc qu'il soit » célébré le 16 octobre prochain un service » solennel dans toutes les églises du royaume » pour le repos de l'âme de MARIE-ANTOI» NETTE. Les autorités civiles et militaires

» devront y être invitées. Nous voulons » qu'on lise en chaire la lettre touchante, où, » peu d'heures avant sa mort, la royale vic- » time exprima ses derniers adieux, et qui » respire une piété si tendre et de si nobles » sentiments. La présente n'étant pas à autre » fin, nous prions Dieu, M. l'archevêque ou » M. l'évêque, qu'il vous ait en sa sainte et » digne garde.

» Écrit à Paris, dans notre château des » Tuileries, le deuxième jour d'octobre de » l'an de grâce 1824, et de notre règne le 1er.

» *Signé*, CHARLES. »

Le Roi ayant su qu'un incendie avoit réduit à la plus profonde misère le nommé Joly, de la commune de Lochy (Cher), le Roi, sur le récit de M. le marquis de Rivière, a accordé 300 francs à ce malheureux.

On dit que le Roi, étant au milieu de sa cour, s'approcha du duc de M...., et lui dit : « Et toi, M...., tu es le seul qui ne me de» mande rien, et pourtant tu es celui qui me » tourmente le plus. » Aimable allusion au désintéressement du duc.

Le *Journal des Deux-Sèvres* récite encore un trait de la bienfaisance de CHARLES X. S. M. a accordé, sur la demande du préfet des Deux-Sèvres, un secours de 250 francs à un habitant du Bocage, vendéen, père de neuf enfants. Le Roi ne sauroit s'empêcher de témoigner sa protection à tout ce qui sort de cette terre classique de la fidélité.

On raconte qu'à la première réception du Roi à Saint-Cloud, S. M. voyant M. C... P...

lui dit : « Monsieur C... P..., je suis content » que vous soyez des nôtres. »

Apercevant dans un groupe M. Benjamin Constant qui crioit *vive le Roi!* le Roi lui dit : Ah! M. Benjamin Constant, je vous y prends. Quel aimable encouragement! Quel est le Français qui pourroit y résister?

Le Roi, toujours heureux de prouver à la Garde nationale combien son dévouement lui fut cher en 1814, et pour consacrer le souvenir de son empressement quand il rentra dans la capitale, a décidé que la Garde nationale feroit, *seule*, auprès de sa personne et de sa famille, le 12 avril, le service institué par l'ordonnance royale du 3 mai 1814.

Cette faveur insigne du Monarque chéri des Français me rappelle un trait bien connu de sa grâce chevaleresque. À son embarquement sur la Loire, il étoit pressé par la foule avide de contempler ses traits; un garde national se précipite involontairement sur lui, et tombe sur sa poitrine; il se confond aussitôt en excuses. — « Pourquoi donc? ré-» partit le nouvel Henri, c'est la place de » tous les Français. »

Le 19 octobre, le Roi alla visiter l'Hôtel des Invalides; il adressa à chacun des paroles de bienveillance, et entra dans les plus petits détails de l'administration; il distribua environ cinquante croix de Saint-Louis et de la Légion-d'Honneur. Il décora, entre autres, de l'ordre de Saint-Louis un jeune officier amputé; le Roi lui attacha lui-même la décoration; le jeune brave la porta à ses lèvres, et les cris de *vive le Roi!* furent entendus de toutes parts. Il reçut toutes les pétitions avec sa grâce et son affabilité accoutumées; il s'informa avec bonté à beaucoup d'invalides où ils avoient été blessés, et ayant demandé à boire, il s'écria avec cet accent du cœur si familier à nos Princes: « Je » bois à la santé de messieurs les officiers et » de tous les invalides. » Dans sa réponse au curé des invalides, S. M. lui a exprimé « le » bonheur qu'il éprouvoit en se retrouvant » parmi des Français qui avoient répandu » leur sang pour la défense de l'État. » Le Prince adressa plusieurs questions à un invalide de cent quatre ans.

A l'infirmerie, où il suivit la Supérieure, accompagné de son auguste fils, il s'arrêta à chaque lit, parlant à chaque malade, plaignant les uns, consolant les autres, et donnant à tous des consolations. Un d'eux se plaignant de ne l'avoir pas assez vu, il eut la bonté de revenir sur ses pas pour répondre à la curiosité du malade; un autre dit à S. M. : « A présent je puis mourir, j'ai vu » *notre bon roi Charles*, » exprimant ainsi quel prix l'on met à un si bon Roi. Malgré la foule, il recevoit les suppliques, écoutoit chacun, n'oublioit pas de féliciter les dignes sœurs de Saint-Vincent-de-Paule de leur zèle, et les engageoit à persévérer.

Ayant aperçu dans le salon le portrait de ses augustes frères, il a daigné promettre d'y joindre bientôt le sien ; don précieux qui sera reçu avec la plus vive reconnoissance.

On rapporte cette anecdote :

Le comte d'Artois (aujourd'hui Roi), encore très-jeune, vint à Cambrai passer en revue un régiment de cavalerie en garnison dans cette ville : on fit les fêtes les plus magnifiques pour l'entrée du Prince, dont on admiroit les grâces et l'aménité; il voulut bien assister à un bal qui lui fut offert; et comme on le prioit de désigner la dame avec qui il daigneroit danser, il porte ses regards autour de lui : « Mettez-moi un bandeau » sur les yeux, » dit-il avec l'amabilité qui caractérisoit déjà le modèle des chevaliers français; « le hasard doit seul désigner un » choix que je ne saurois fixer. »

S'il faut en croire le *Times* du 26 octobre 1824, le Roi auroit demandé, le 22 du même mois, à M. Chaptal, comment alloit le Conseil de commerce créé depuis peu, et dont le noble pair est membre : « Comment » cela? Sire, répond M. Chaptal; nous ne

» nous sommes réunis encore qu'une seule » fois. — Et pourquoi pas plus souvent? dit » le Roi. — Parceque, pour nous assembler, » il faut être convoqué par le ministre de » l'intérieur, et qu'il ne l'a pas fait. » S. M. auroit ajouté : « C'est bon, puisqu'il en est » ainsi, ce sera moi qui vous convoquerai et » qui vous présiderai. » Ce qui eut lieu. Le zèle du Roi ne surprend pas; il veut tout voir par lui-même.

S. M. a prodigué des témoignages du plus vif intérêt à madame Kreutzer, épouse du célèbre violon et compositeur de ce nom (1), et filleule du Roi. C'est à la protec-

(1) Il fut élève de Harand, aïeul maternel de l'éditeur, premier violon de la chapelle de Louis XVI et maître de S. M. Marie-Antoinette, de monseigneur comte d'Artois, et de LL. AA. RR. messeigneurs les ducs d'Angoulême et de Berri.

tion de S. M. que Kreutzer dut son éducation.

Le Roi a accordé le titre de baron à M. Portal, son premier médecin, qui prolongea, par ses soins et son habileté, les jours du Roi dont la perte nous fait verser tant de larmes.

Le Roi ayant su par M. le Préfet de police que les ouvriers des ports manifestoient le plus grand desir de lui présenter trois médailles, une en or, une en argent et une en bronze, S. M. a comblé leur espoir, en leur permettant de venir eux-mêmes; elle les a reçus avec une grâce et une bonté indescriptibles, et fut émue de leurs naïves expressions d'amour. Elle leur adressa des paroles très-affectueuses et très-touchantes.

Le Roi a daigné admettre en audience

particulière, le 31 octobre, le Conseil-général et la Commission administrative des hospices, ayant à leur tête M. de Chabrol, préfet de la Seine et président né.

M. le duc de Montmorency, vice-président, a offert au Roi, de la part du Conseil, un exemplaire du code des hôpitaux.

Le Roi a dit en le recevant : « Je reçois » avec bien du plaisir le Conseil-général et les » membres de l'administration des hospices.

» Tout le bien que le Conseil a fait et celui qu'il fait tous les jours est présent à » ma pensée.

» Je n'ai aucune recommandation à faire » aux membres qui composent l'administra- » tion des hospices; je n'ai que des remercîments à leur adresser, et je les prie de » continuer à soulager les misères : oui, je ne » puis leur exprimer que ma reconnoissance.

» Je me rappelle la visite que j'ai faite à

» l'Hôtel-Dieu, et les nombreuses améliora-
» tions que j'y ai remarquées; j'y retourne-
» rai samedi prochain à une heure. Je re-
» grette de ne pouvoir parcourir incessam-
» ment tous les établissements hospitaliers;
» mais veuillez, Messieurs, assurer tous les
» pauvres de ma bonne ville de Paris de ma
» protection et aussi de mon affection.

» J'accepte bien volontiers l'exemplaire
» du code des hôpitaux que vous me pré-
» sentez. »

Le 3 novembre suivant, S. M. se rendit au Musée : aucun artiste n'étoit prévenu, M. le comte de Forbin ne l'ayant su lui-même que le matin. M. le directeur faisant part au Roi du regret qu'auroient tous les artistes de n'avoir pu déposer à ses pieds l'hommage de leur amour, le Roi lui a répondu : « Ceci est un impromptu; je vais

» d'abord jouir de leurs ouvrages ; dites-leur » que, plus tard, et bientôt, je desire me » trouver au milieu d'eux ; j'aurai bien des » compliments à faire ; je n'en aurai jamais » adressé à personne avec plus de satisfac- » tion : les arts sont une grande portion de » cette gloire française qui m'est si chère. » S. M. a ajouté : « Pour aujourd'hui, je vais » me promener au milieu de ma famille. » En effet, il avoit ordonné que l'exposition demeurât publique. Il sourioit de la gêne qu'il éprouvoit sur son passage, et adressoit des mots pleins de bonté à tous ceux qu'il reconnoissoit. S. M. a voulu voir le moule de *Monte Cavallo*, et s'est même entretenue de la destination qu'on pourroit donner à un bronze de ce monument.

M. de Forbin, qui avoit appris que M. Ducis se trouvoit au Musée, le présenta au Roi, qui lui dit : « M. Ducis, mon frère » aimoit beaucoup votre oncle. »

Ce célèbre poëte, le Corneille du XIXe siècle, a dit que *l'amour des peuples est le trésor des rois*. S'il eût connu Charles X, il eût admiré sa richesse, mais il n'eût pu l'accroître.

Le Roi, dont la munificence est inépuisable, a fait parvenir, le 18 novembre, une somme de 800 fr. aux incendiés de Fizille.

S. M. avoit promis de venir visiter l'Hôtel-Dieu. Ce fut en effet le samedi 6 novembre que le Roi honora de sa présence cet établissement; et l'on remarque qu'il est, depuis Saint-Louis, le premier Roi de France qui soit venu l'inspecter. Il appartenoit bien à Charles, ce digne descendant du saint Roi, de continuer les charitables jours de son aïeul.

Le Roi fut reçu par M. le comte de Chabrol, préfet de la Seine. Voici la réponse qu'il fit à la harangue de ce magistrat :

« Messieurs, en venant visiter cet asile de » douleur, je remplis un devoir comme » homme, et surtout comme Roi. Tout ce » que je pourrai faire pour soulager la misère » est gravé dans mon cœur ; et soyez sûr que » je ne négligerai rien de ce qui pourra » contribuer à améliorer la position de la » classe la plus intéressante de mes sujets.

» Je ne saurois trop vous témoigner, Mes- » sieurs, combien je suis satisfait des comptes » qui m'ont été rendus de vos soins actifs, » de votre attention pour tout ce qui inté- » resse l'adoucissement du sort des mal- » heureux.

» Je visiterai en détail cet établissement ; « je parcourrai toutes les salles : si j'y remar- » que quelque chose à reprendre, je serai le

» premier à vous le dire Messieurs, et ma » franchise à cet égard vous prouvera tout » à la fois et ma sollicitude pour le bien » de mes sujets, et la sincérité des éloges et » des remercîmens que j'aurai à vous faire. »

En parcourant les salles, S. M. se trouva à une fenêtre d'où l'on voit les Tuileries: « Bien! il n'y a pas de mal, s'écrie-t-elle, que » du château on aperçoive un hôpital. »

Que de pensées douces et consolantes fait naître cette idée!

Le Roi eut la bonté d'écouter un vieillard infirme, qui, après avoir énuméré ses longs services sous Louis XVI, lui demanda la croix et une pension. « Je me ferai ren» dre compte, ajouta-t-il, et je vous ferai » justice. »

S'adressant à une femme aveugle que l'on conduisit devant lui, il lui dit : « Eh » bien! me voyez-vous? — Oui, Sire, ré-

» pondit-elle, et cela me portera bonheur.
» — Je le desire bien sincèrement, réplique
» le bon Roi. »

Dans la salle de l'amphithéâtre il examina les registres que soumit à ses regards M Lacroix. Ce jeune homme lui fut présenté par M. Dupuytren, comme ayant obtenu une médaille d'encouragement, destinée chaque année à l'élève interne le plus zélé et le plus assidu. « J'espère, lui a dit le Roi, que » ce sera mieux chaque année, s'il est pos- » sible. » Il témoigna ensuite sa satisfaction à M. Dupuytren sur les services qu'il rend chaque jour à l'humanité.

S. M. daigna accorder une pension à un des malades dont les infirmités étoient trop graves pour lui laisser espérer qu'il pût reprendre ses anciens travaux. Le Roi goûta le bouillon et le vin, et ordonna la fondation de trois lits à ses frais particuliers dans la salle des incurables, et les destina à des femmes d'anciens militaires. Pendant cette longue visite, le Roi reçut et accueillit toutes les pétitions, et ne cessa de complimenter les Sœurs sur la belle tenue et le bon ordre de l'établissement.

Il permit qu'un tableau représentant cette visite fût fait à ses frais, et fût inauguré dans cet asile du pauvre.

Il accorda la croix de la Légion-d'Honneur à plusieurs administrateurs et membres du Conseil-général, et donna son portrait en pied pour la salle des délibérations.

Le Roi accorda une pension de 15,000 fr. à Mme. la comtesse de Serre, veuve de l'ambassadeur de Naples, et lui dit, en la lui annonçant, ces paroles obligeantes : « Je voudrois, en vous accordant cette grâce, pou

» voir également alléger les peines de votre » cœur. »

Il ordonna que le portrait de M. le comte de Précy, qui commandoit à Lyon pendant son siége mémorable en 1793, feroit partie de la collection des généraux vendéens qui sont dans la galerie de Saint-Cloud.

On dit qu'au conseil du cabinet qui se tint le 14 novembre, le Roi dit aux membres qui le composoient, après que chacun d'eux eut émis son avis : « Je vous remercie, » Messieurs, j'examinerai. »

Le 24 novembre, à neuf heures du matin, le Roi, accompagné de S. A. R. Mgr. le Dauphin, des officiers de sa maison et de ses aides-de-camp, se rendit à la Bourse : partout il recueillit l'expression de l'amour qu'on lui porte, et fut surtout accueilli par les ouvriers de l'établissement. La chambre de commerce lui fut présentée par M. le comte de Chabrol et par M. Delavau, préfet de police. S. M. adressa les paroles les plus aimables au président; elle visita la grande salle et tous les appartements. Le syndic de la compagnie des agens de change, M. Fossard, eut l'honneur de le haranguer; le Roi a répondu :

« Messieurs, je reçois avec plaisir l'ex-
» pression des sentiments que vous m'expri-
» mez, et qui se reportent sur le frère que
» nous pleurons tous; je maintiendrai ce
» qu'il a fait pour vous, en tâchant encore
» d'achever son ouvrage : le ciel nous bénira,
» j'espère. »

Les courtiers de commerce, ayant à leur tête M. Archdéacon, leur syndic, le supplièrent d'agréer l'autorisation qu'ils demandoient pour la fondation d'un entrepôt réel de marchandises à Paris. « Je connois, leur » a dit le Roi, les bons sentiments et les » vœux de votre Compagnie; j'examinerai » avec attention l'offre dont vous m'entre- » tenez, et j'y mettrai beaucoup d'intérêt. »

Il daigna faire ce compliment à M. de Richebour, commissaire de la Bourse, ancien intendant-général des postes, secrétaire particulier de S. M. Louis XVI :

« Monsieur, je suis charmé de vous voir, » et de trouver en vous le neveu d'un de nos » plus fidèles serviteurs. » Et plus loin, quand ce commissaire lui exprima les bons sentiments des agens de change et des courtiers, il lui répondit : « M. le commissaire, » ce que vous me dites est bien naturel; car » nous devons vivre les uns pour les autres. »

S. M. fut reconduite par M. le prefet de

la Seine, le commissaire de la Bourse et l'architecte. En les quittant, il s'adressa à M. de La Barre, ingénieur-architecte : « Vous » devez vous trouver bien heureux, lui dit » le monarque, d'attacher votre nom à un » aussi beau monument. » Ensuite il a bien voulu lui remettre 1,000 francs pour les ouvriers, qui ont eu congé tout le jour.

Le Roi s'étoit rendu auparavant à la Madeleine, où le reçurent S. Exc. le ministre de l'intérieur, M. de Chabrol, plusieurs membres du Conseil-général du département, et M. l'abbé Feutrier, curé. S. M. a pris plaisir à élever une des pierres de celles qui forment le chapiteau du grand ordre extérieur, au moyen d'une mécanique qui porte en même temps les hommes qui doivent la poser.

La simplicité de cette machine a été approuvée par S. M.

Le Roi est allé de la Bourse à Sainte-Geneviève, où il a été complimenté par Mgr. l'archevêque de Paris. Le Roi a examiné avec la plus grande attention le chef-d'œuvre de M. Gros, et lui en a fait les plus grands éloges. En sortant, il dit à M. de Quélen qui l'engageoit à entrer dans l'église : « Pas » aujourd'hui, M. l'archevêque; mais je » viendrai à votre neuvaine. » Sur la place, il trouva le collége de Henri IV assemblé, et chargea M. Auvray, son proviseur, de leur annoncer congé.

Le Roi annonça à M. Gros, avec cette affabilité qui se retrouve toujours dans toutes ses paroles, dans toutes ses actions, qu'il lui conféroit le titre de baron : « En entrant, je » vous ai dit M. Gros, maintenant je vous » appelle M. le baron; j'ai ordonné à mon » garde-des-sceaux de vous en expédier les » titres. »

S. M., toujours disposée à encourager et à récompenser le mérite, a accordé à MM. Asselin et Montaigue, médecins de l'Hôtel-Dieu, et à MM. Colmet et Coulomb, administrateurs des hospices, la décoration de la Légion-d'Honneur.

Le 25 novembre, le Roi alla visiter Trianon, accompagné des ducs de Grammont, de Damas, de Guiche, de Maillé, de Fitz-James, et de M. le marquis de Vérac, gouverneur des châteaux de Versailles et de Trianon. S. M. daigna admettre aussi à sa table M. le baron des Touches, préfet du département, Mgr. l'évêque de Versailles, M. de Rochemore, maréchal-de-camp, commandant le département, et M. de Saint-Balmont, commandant de gendarmerie.

Après le dîner, toute la population eut la faculté de circuler dans les appartements. Le

Roi étoit entouré de ses enfants : tout Versailles a pu jouir de sa vue.

Il a daigné s'entretenir pendant près de cinq minutes avec M. l'abbé de Vins, son chapelain au château de Versailles. Il parla à M. le conseiller de Haussy, président de la Cour d'assises, de l'affaire épouvantable que cette Cour venoit de juger (1). Madame B..., qui ne reconnoissoit pas le Roi, lui prit les mains, croyant s'adresser seulement à un de ses officiers, et lui dit : « Monsieur, est-ce que » je ne verrai pas le Roi? » S. M. ne voulant pas la déconcerter, ne la retira pas de sa méprise, et lui répondit avec grâce. » Madame, » je vous réponds que vous le verrez ; je me » charge de vous le montrer. » Quelques instants après, madame B...., s'aperçut de son

---

(1) Le procès de Léger, coupable d'assassinat et de viol sur une jeune fille, condamné à la peine de mort.

erreur, et admira l'amabilité et les gracieuses manières du Prince.

S. M. reçut tous les fonctionnaires, le clergé, les tribunaux, les juges de paix, et les états-majors des régiments en garnison. Elle a daigné agréer une pièce de vers sur son séjour à Trianon, improvisée par M. Hippolyte Daniel.

Le Roi a accordé une pension à M. le chevalier Jourgniac de Saint-Méard, auteur de l'*Agonie de quarante-huit heures*, ouvrage où il retrace les massacres des 2 et 3 septembre.

M. Lafolie, qui avoit suivi Sa Majesté Louis XVIII à Gand avec les volontaires royaux, et qui avoit eu le courage d'annoncer à l'Hôtel-de-Ville que Robespierre venoit d'être mis hors la loi, qui fut arrêté de suite, conduit devant ce monstre, et jeté dans les cachots, d'où il ne fût retiré qu'après l'exécution de Robespierre, vient d'obtenir aussi une pension du Roi.

S. M. a accordé au préfet du Bas-Rhin 15,000 francs pour réparer les premiers maux causés par les inondations.

Le Roi a bien voulu donner des encouragements à M. Guet, jeune peintre, auteur d'un tableau estimé, représentant le *Retour du Soldat*.

Il a daigné accueillir un ouvrage intitulé : *Pensées de Louis XIV*, ou *Maximes de gouvernement, et Réflexions sur* LE MÉTIER DE ROI (1), et publié par M. le baron Trouvé, ancien préfet, si recommandable par son attachement aux Bourbons.

---

(1) Expressions de Louis XIV.

Le Roi, pendant son voyage à Fontainebleau, admit deux fois à sa table M. le général Ferrier. « Général, lui dit-il, vous » devez beaucoup aimer le département, » car vous y êtes bien aimé.

A Compiègne, il fut tellement pressé par la foule avide de le voir, qu'il fut obligé de dire à ceux qui l'environnoient : « Mes en» fants, laissez-moi monter à cheval. »

M. Gros a reçu un nouveau témoignage de la satisfaction du Roi : S. M. l'a chargé d'exécuter deux tableaux pour la salle des séances royales (1).

---

(1) Philippe-Auguste à Bovines, et Henri IV à l'assemblée des notables à Rouen.

Le Roi a accordé une pension à M. le comte de Castillon-Mauvesin, chevalier de Saint-Louis, âgé de quatre-vingt-sept ans, qui se distingua au siége de Berg-op-Zoom.

S. M. a daigné traiter avec la plus grande bonté madame Lechandelier de Pierreville, femme du chef royaliste de ce nom, le plus ancien officier supérieur de l'armée royale du Maine, dont la tête fut mise à prix par Buonaparte.

Le 3 septembre, à la revue que le Roi passa de la garde montante, il fit appeler le nommé Ham, brigadier des hussards de la garde, et lui remit lui-même la croix d'honneur que ce brave militaire n'avoit pas reçue à cause d'une confusion de nom, quoiqu'elle lui fût réellement destinée.

La troupe avoit peine à garder le silence imposé par les réglements; mais tous les spectateurs ont fait retentir l'air des cris de *vive le Roi!*

Honneur au souverain que tant de nobles faits rendent si cher à la France! qu'elle soit toujours sûre de son bonheur pendant un règne qui commence sous un si beau jour! Grâces soient rendues à l'auguste famille des Bourbons, à la noble et courageuse fille du Roi-Martyr, au héros pacificateur des Espagnes, à la magnanime veuve du brave petit-fils d'Henri IV, à notre nouvel Henri, l'espoir de la nation! il embellit notre avenir, tandis que Charles nous fait goûter les délices qu'éprouvent en même temps les bons rois et les sujets fidèles. *Vive le Roi! vivent les Bourbons!*

FIN.

www.ingramcontent.com/pod-product-compliance
Lightning Source LLC
LaVergne TN
LVHW010030230826
846091LV00005B/1657

9782016194621